Achim Bröger

Mama bekommt ein Baby

Erste Aufklärungsgeschichten

Pädagogisch begleitet von Sandra Grimm

Mit Bildern von Franziska Harvey

Arena

Achim Bröger,
geboren 1944, schreibt als
freiberuflicher Schriftsteller Kinder-
und Jugendbücher. Viele davon sind
mit bedeutenden Preisen (u. a.
Deutscher Jugendliteraturpreis,
Sparte Kinderbuch) ausgezeichnet
worden. Seine Bücher wurden in
27 Sprachen übersetzt.

Sandra Grimm
ist Diplom-Pädagogin und
Kinderbuchautorin. Seit vielen
Jahren beschäftigt sie sich mit der
Entwicklung und Förderung von
Kindern und hat pädagogische
Anleitungen und Ratgebertexte
verfasst. Sie lebt mit ihrem
Mann und drei Kindern in
Norddeutschland.

Franziska Harvey,
1968 in Frankfurt am Main geboren,
studierte in Wiesbaden Illustration
und Kalligrafie. Anschließend begann
sie, für Agenturen und Verlage zu
arbeiten, und illustriert inzwischen
viele Kinderbücher. Sie lebt mit
ihrem Mann, ihren drei Kindern,
Katz und Hund in Frankfurt.

1. Auflage 2010
© Arena Verlag GmbH, Würzburg 2010
Alle Rechte vorbehalten
Einband und Innenillustrationen: Franziska Harvey
Gesamtherstellung: westermann druck Braunschweig GmbH
ISBN 978-3-401-09108-2

www.arena-verlag.de

Inhalt

Liebe Leserinnen und Leser,

»Woher kommen die Babys? Wie kommt das Baby in Mamas Bauch? Wie kommt es wieder heraus?«

Ihr Kind hat so viele Fragen! Gern wollen Sie ihm alles beantworten, aber das ist manchmal gar nicht so einfach. Wie kann man Kindern diese komplizierten Dinge einfach und verständlich erklären?

Ihr Kind hört und sieht ganz genau, was in seiner Umgebung passiert. Egal, ob Mama wieder schwanger ist oder Tante Mia ein Kind bekommt – schnell tauchen die ersten Fragen auf. Aber kann man einem Kind schon etwas über Sex erzählen? Was will es wirklich wissen? Je nach Alter haben Kinder ein unterschiedliches Bedürfnis nach Genauigkeit der Antworten. Einem Kleinkind genügt es, wenn Sie mit einfachen Worten erklären, dass Mama und Papa sich sehr lieb haben und miteinander schmusen, um noch ein Baby zu bekommen.

Wenn das Kind etwas älter wird, kann und möchte es schon mehr wissen.

Die Geschichten in diesem Buch bieten einen guten Einstieg. In klaren Worten wird erzählt, was Sex ist, wie dabei ein Baby entsteht, wie es wächst und schließlich geboren wird.

Sicher wird Ihr Kind dennoch Fragen haben. Bemühen Sie sich, in einfachen Worten mit Ihrem Kind zu sprechen.

Sie müssen nicht alles selber wissen. Binden Sie auch den anderen Elternteil in die Gespräche ein oder suchen Sie gemeinsam nach genaueren Informationen.

Manche Fragen der Kinder kann man nicht leicht beantworten. »Bekommen wir noch ein Baby? Wann? Wollt ihr einen Jungen oder ein Mädchen?« Bemühen Sie sich, ehrliche Antworten zu finden. Beschreiben Sie Ihre Wünsche und Pläne, aber erklären Sie ruhig auch, dass Sie diese Dinge nicht beeinflussen können. Ihr Kind ist in der Lage, das zu akzeptieren.

Am schwierigsten ist es sicher, den Zeugungsvorgang zu erklären. »Was ist Sex? Was heißt miteinander schlafen? Warum entstehen nicht immer Babys dabei?« Versuchen Sie, das Thema ganz unbefangen anzusprechen. Für Kinder ist Sex noch nicht so schambesetzt wie für Erwachsene. Kinder sind offen und neugierig. Lesen Sie die Geschichte mehrfach vor, und wiederholen Sie sie auch mit eigenen Worten, damit Ihr Kind sie verstehen kann. Sie können auch Zeichnungen auswählen, die Ihnen gefallen und mit denen Sie Ihrem Kind die Sachverhalte verdeutlichen.

Schwangerschaft und Geburt sind besonders spannende Themen. »Wie isst das Baby im Bauch? Wie groß ist es? Wann und wo kommt es heraus?«
Wie sicherlich auch für Sie, sind diese Geschehnisse für Ihr Kind staunenswert und rätselhaft. Antworten Sie, so gut Sie können. Sie müssen dazu nicht das perfekte Wissen haben. Erklären Sie Ihrem Kind die Vorgänge mit Ihren Worten.

Versuchen Sie, sich auf Gespräche einzulassen, die bei der Lektüre dieses Buches entstehen. Ihr Vorbild spielt dabei eine wichtige Rolle: Sprechen Sie altersgerecht und in positiven Worten von Sexualität. Benutzen Sie kindgerechte, nicht abwertende Bezeichnungen für Geschlechtsorgane und Geschlechtsverkehr. Dann wird Ihr Kind neugierig bleiben und der Weg für einen offenen und positiven Umgang mit Sexualität ist geebnet.

Viel Vergnügen beim Lesen!
Sandra Grimm

Wir wollen ein Baby

Im Spielzimmer nimmt Nina eine Puppe und dreht sich um. Philipp kann nicht sehen, was seine Freundin tut. Dann dreht sich Nina wieder zu ihm. Mit einem kullerdicken Bauch. Philipp lacht und sagt: »He! Du kriegst ein Baby.« Nina nickt und streckt den Bauch vor. Plumps … fällt das Baby unter ihrem T-Shirt raus. Nina fängt es auf und sagt: »Ich bin die Mama und du bist der Papa.« Die beiden legen ihr Baby in einen Puppenwagen. Den schieben sie auf den Flur. Dort sehen sie Katharina, ihre Erzieherin. Die staunt: »Ihr habt ein Baby. Das ging ja fix!« Die beiden nicken. Stolz schieben sie den Puppenwagen weiter. Da fällt Nina ein: »Mein Papa holt mich gleich ab. Wir bringen das Baby lieber zurück.«

Als sie aus dem Spielzimmer kommen, steht Ninas Papa im Flur. Philipp steigt in den Sitzsack, der an Seilen von der Decke hängt. Er schaukelt und wartet auf seine Eltern.

Eine Mama mit Baby im Kinderwagen geht den Flur runter. Schnell springt Philipp aus dem Sitzsack und guckt in den Wagen. Das Baby freut sich. Es streckt Philipp eine Hand entgegen. Oh … sind die Finger klein! Julia aus seiner Gruppe kommt angerannt. Sie strahlt und sagt: »Das ist mein Bruder.«

Philipp schaukelt wieder im Sitzsack. Dabei fällt ihm ein: Hier im Kindergarten gibt es zurzeit viele Eltern mit Babys. Er hat keine Geschwister. Wie das wäre, wenn bei ihnen auch ein Baby käme? Babys schreien die ganze Zeit. Das hat Philipp schon oft gehört. Aber das Baby eben hat kein bisschen geschrien. Außerdem machen sie in die Windeln. Und das stinkt! Als großer Bruder soll man immer auf das Baby aufpassen. Sein Freund Kai muss das Zimmer mit dem kleinen Bruder teilen. Wie wäre das bei ihnen? In sein Zimmer dürfte das Baby nicht. Oder doch? Sie könnten sich im Bett was erzählen und spielen könnten sie. Quatsch! Das geht mit Babys noch gar nicht. Aber vielleicht wäre es doch schön, wenn sie eines hätten. Wenigstens zur Probe.

Philipp schaukelt immer noch. Er überlegt, ob er lieber einen Bruder oder eine Schwester hätte. Vielleicht wäre ein Bruder besser. Denn mit Jungs kenne ich mich aus, denkt er. Aber Mädchen können toll sein. Wie seine Freundin Nina. Wenn er so eine Schwester hätte. Das wäre schön.

Jetzt kommen seine Eltern. Endlich! Philipp springt aus dem Sitzsack vor ihre Füße. »Hallo«, begrüßt er sie, »ich warte schon auf euch.« Dann redet er weiter:

»Ich habe mir die ganze Zeit überlegt, ob ich einen Bruder oder eine Schwester haben will.«

»He«, staunt Mama, »du möchtest ein Geschwisterchen?«

»Glaub schon. Und ihr … wollt ihr auch ein Baby?«

»Ja, wir wünschen uns eins«, antwortet Papa und Mama nickt.

»Ist gut«, meint Philipp. »Wann kriegen wir es?«

Wie kommt das Baby in Mamas Bauch?

Mama, Papa und Philipp sind im Badezimmer. Philipp sitzt in der Wanne. Ein Plastikboot schwimmt durch den Schaum und um seine Knie. Er denkt an das Baby, das sie möchten. Die Eltern haben versprochen, sie werden ihm gleich erzählen, wenn sie wissen, dass sie eins kriegen. Aber Philipp wartet schon viele Wochen. Und sie haben noch nichts erzählt. Deswegen fragt er: »Wie lange dauert es noch mit dem Baby?«

»Das wissen wir nicht«, antwortet Mama. Sie setzt sich auf den Badewannenrand. Papa setzt sich neben sie. Philipp sagt: »Andere haben schon längst ein Baby. Macht ihr was falsch?«

»Nee«, antworten Mama und Papa gleichzeitig. Und jetzt will es Philipp genau wissen: »Wie kommt so ein Baby überhaupt in Mamas Bauch? Der Storch bringt es nicht. Das ist klar.«

»Du weißt ja, dass Mädchen und Jungen unterschiedlich aussehen«, sagt Mama. Philipp nickt. Schließlich hat er das schon oft bemerkt, zum Beispiel bei sich selbst und seiner Freundin Nina, wenn sie baden. Bei Männern und Frauen ist das nicht viel anders. Das sieht er im Badezimmer an seinen Eltern.

Philipp fragt: »Warum erzählst du mir, dass Mädchen und Jungen unterschiedlich aussehen? Ich will wissen, wie das Baby in deinen Bauch kommt!«

11

»Gebärmutter?«, fragt Philipp. Das Wort klingt seltsam. Mama sagt: »Die Gebärmutter liegt wie eine Höhle im Bauch einer Frau. Wenn Mädchen erwachsen sind, können in der Gebärmutter Babys wachsen. Dazu müssen aber erst die Eizellen in den zwei Eierstöcken im Bauch einer Frau reif werden.«

»Das klappt, weil es zwei Geschlechter gibt, also Mädchen und Jungen. Und die unterscheiden sich durch die Geschlechtsorgane. Organ heißt einfach Körperteil.« Mama erklärt Philipp: »Die Mädchen haben zwischen den Beinen eine Spalte. In der sind zwei kleine Löcher. Das eine zum Pipimachen. Das andere für die Fortpflanzung, also zum Kinderkriegen. Und das heißt Vagina. Man sagt auch Scheide dazu. Die führt bis zur Gebärmutter.«

»Eierstöcke?« Wieder so ein seltsames Wort. Mama erklärt ihm: »Die Eierstöcke gehören zu den Geschlechtsorganen einer Frau, wie auch die Scheide, die Gebärmutter und die Brüste. In denen bildet sich die Milch für das Baby.«

»Das ist alles in deinem Bauch?«, will Philipp wissen. »Ja«, antwortet Mama, »nur die Brüste nicht.« Alle drei lachen. Dann zeigt Philipp auf Mamas Bauch und staunt: »Da war ich drin, bevor ich geboren wurde.«

Seine Eltern nicken. Philipp sagt: »Das ist ja ziemlich kompliziert in Mamas Bauch.«

»Find ich nicht«, meint sie. Papa sagt: »Ich erzähle dir nachher, wie das bei Jungen und Männern ist. Männer werden ja auch gebraucht, damit ein Baby im Bauch einer Frau entstehen kann. Aber komm erst mal aus der Wanne.«

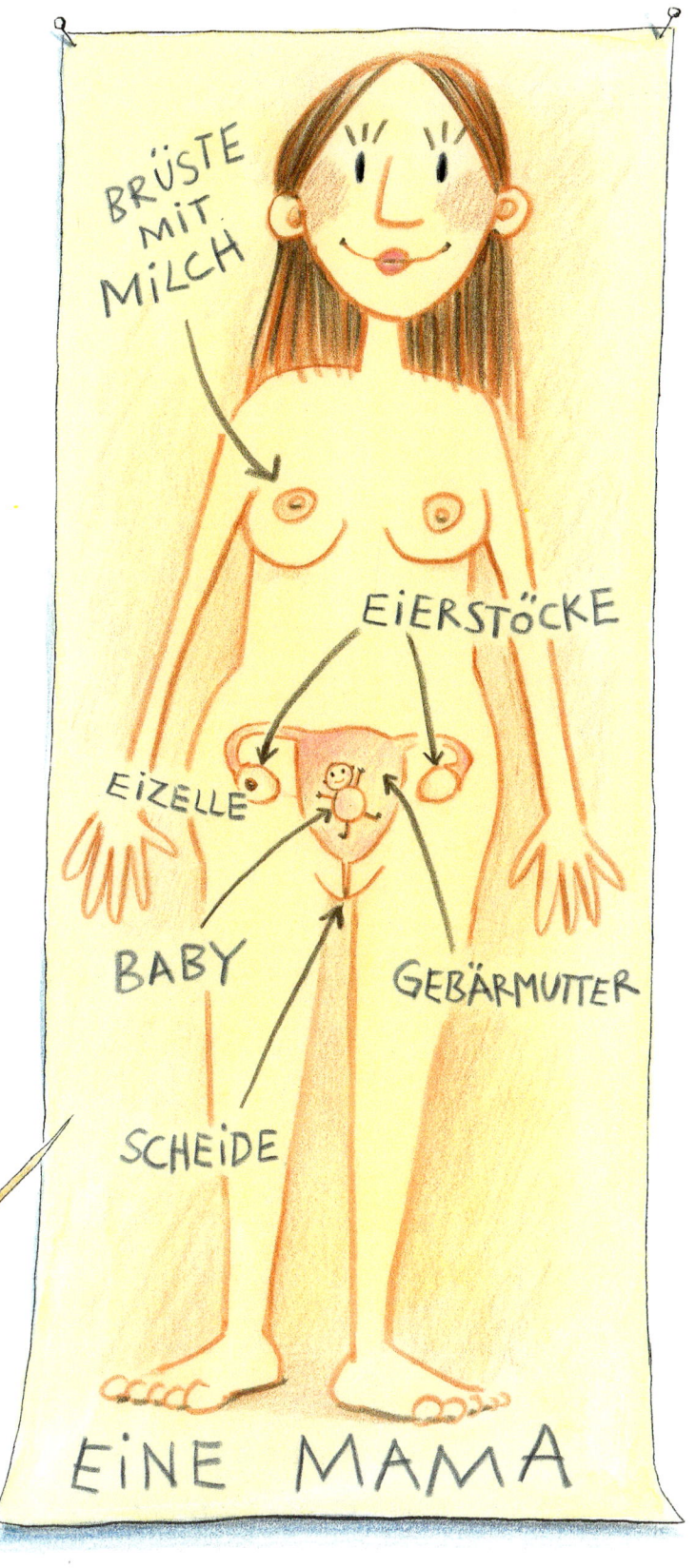

BRÜSTE MIT MILCH

EIERSTÖCKE

EIZELLE

BABY

GEBÄRMUTTER

SCHEIDE

EINE MAMA

So kommt das Baby in Mamas Bauch

Mama und Papa sitzen an Philipps Bett. Papa erzählt, dass Jungen ein Glied zwischen den Beinen haben. Natürlich weiß Philipp das. Denn er macht Pipi damit. Papa sagt: »Man nennt es auch Penis. Unter dem hängt ein Säckchen. Darin sind zwei kleine Kugeln. Die heißen Hoden. Der Penis und die Hoden sind die Geschlechtsorgane eines Mannes.

Wenn ein Junge erwachsen wird, entstehen in den Hoden viele Samenzellen, die Spermien. Trifft eine dieser Samenzellen in der Gebärmutter eine Eizelle, wird aus den zwei Zellen eine einzige. Und aus der wächst Leben, also ein Baby. Diese neue Zelle ist so winzig, dass man sie mit bloßem Auge nicht sehen könnte.

PENIS

HODEN MIT SAMENZELLEN

Trotzdem ist in ihr zum Beispiel schon festgelegt, welche Farbe die Haut und die Haare haben und wie groß der Mensch wird. Philipp fragt: »Papa, wie kommt deine Samenzelle in Mamas Bauch?«
»Wenn ein Mann und eine Frau sich lieb haben, schmusen sie und streicheln und küssen sich.« Das hat Philipp bei seinen Eltern schon öfter gesehen. Mama sagt: »Das ist ein schönes Gefühl, ganz warm. Weil das so schön ist, möchten die beiden besonders nah zusammen sein. Am liebsten würden sie ineinander kriechen. Deswegen schlafen sie miteinander.«
»Hä?«, überlegt Philipp. »Ihr schlaft einfach ein? Dann kommt eine Samenzelle in Mamas Bauch und daraus wird ein Baby?«
»Nee«, antwortet Papa. »Miteinander schlafen heißt, sie wollen so nah beieinander sein, dass der Mann den Penis in die

Scheide der Frau steckt. Nach einiger Zeit fließt die Samenflüssigkeit des Mannes in die Scheide der Frau. In der Samenflüssigkeit sind ganz viele Spermien, also männliche Samenzellen.«
»So kommen die in Mamas Bauch«, staunt Philipp. »Und dann entsteht ein Baby. Toll!« Er will wissen: »Was Papa erzählt hat, ist das Sex?« Das Wort hat er von älteren Kindern gehört. »Ja«, antwortet Papa, »so kann man das nennen.« Philipp fragt: »Bin ich auch so entstanden, weil ihr euch lieb gehabt habt?«

15

»Genau so«, antwortet Mama. Philipp
überlegt, dann will er wissen: »Also habt
ihr nur einmal . . . wie heißt das . . .
miteinander geschlafen? Weil ihr ja nur
mich habt.«

»Nee«, widerspricht Papa. »Wenn ein
Paar miteinander schläft, entsteht nicht
jedes Mal ein Baby. Denn nicht jedes
Mal treffen sich eine Eizelle und eine
Samenzelle. So eine Eizelle ist nur einmal
im Monat dafür reif.« Mama sagt:
»Außerdem wollen nicht alle Paare Kinder
zeugen. Trotzdem möchten sie miteinander schlafen. Deswegen verhüten sie.«

»Verhüten?« fragt Philipp. Wieder so ein
Wort. »Wie denn?«

»Dafür gibt es Verhütungsmittel, zum
Beispiel die Pille. Das ist eine Tablette.
Die Frau schluckt sie, und diese Pille
sorgt dafür, dass kein Baby entsteht. Man
verhütet auch mit einem Kondom. Also
einer Hülle aus Gummi. Die wird über
den Penis gezogen und fängt die Samenflüssigkeit auf.«

»Ah . . . und dann kommt die Samenzelle nicht mehr zur Eizelle«, sagt Philipp. Ihm fällt ein: »Eigentlich ist es sehr praktisch, dass es Männer und Frauen gibt, die sich lieb haben. So entstehen immer neue Babys. Und jetzt wollen wir wirklich auch bald eins.«

Das Baby ist noch winzig

Mama hat Philipp bei Nina abgeholt. Auf dem Weg nach Hause bleibt Mama vor einem Café stehen und sagt: »Da gehen wir rein. Papa kommt nach der Arbeit auch hierher.«

Im Café setzen sie sich an einen Tisch. Dann erzählt Mama: »Ich war vorhin bei meiner Frauenärztin. Und weißt du was? Sie hat gesagt, ich krieg ein Baby. Es hat geklappt! Oh! Ich freu mich ja so!«

Philipp will wissen: »Stimmt das? Du hast ja gar keinen dicken Bauch.«

»Logisch! Das Baby ist noch winzig.«

Philipp fragt: »Wie winzig?«

»Also . . . es müsste zweieinhalb Wochen alt sein. Die Ärztin meint, es ist etwa einen Millimeter groß.« Sie zeigt Philipp zwischen zwei Fingern, wie klein das Baby ist und sagt: »Aber durch ein Mikroskop könnte man schon etwas erkennen.«

»Das ist ja total winzig«, staunt Philipp.

Mama sagt: »Vorher war es noch viel kleiner. Eine einzige Zelle. Die hätte man gar nicht sehen können.«

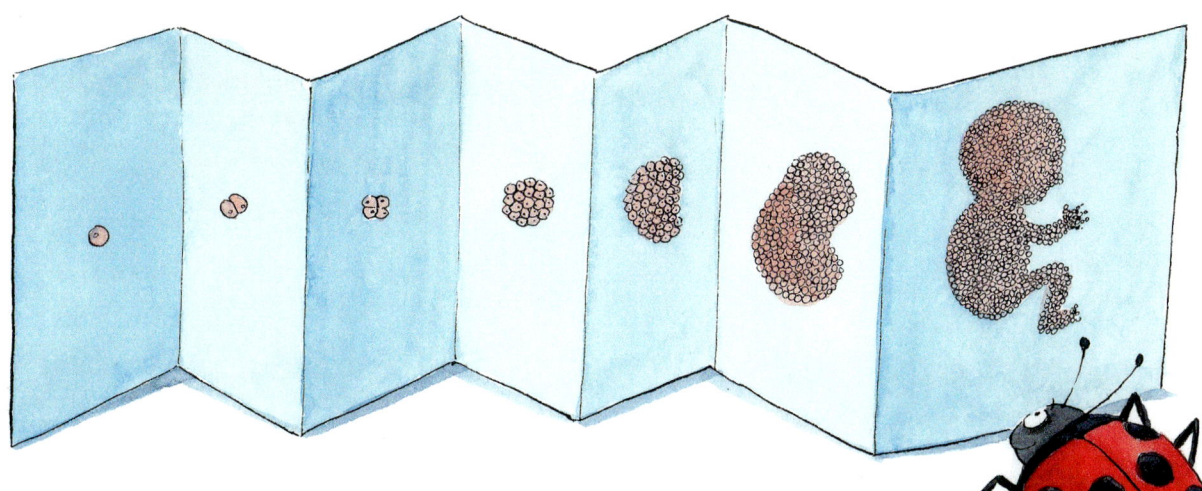

Philipp weiß schon, dass ein Körper aus vielen, vielen Millionen Zellen besteht. Und er fragt: »Wie konnte aus der einen Mini-Zelle das Baby in deinem Bauch wachsen?«

»Die eine Zelle hat sich geteilt, erst in zwei Zellen, dann in vier, acht, sechzehn und so weiter. Schließlich wurde daraus ein Zellknäuel. Der ist jetzt zu einem Embryo herangewachsen. So nennt man den Winzling, bevor er zum Baby wird.« Begeistert sagt Mama: »Ich bin schwanger!«

»Weiß Papa das schon?«, fragt Philipp.

»Nee, das verraten wir ihm, wenn er kommt.«

»Der freut sich bestimmt«, meint Philipp. Mama sagt: »Ich weiß noch, wie sehr er sich gefreut hat, als ich mit dir schwanger war.«

Die Bedienung kommt. Philipp bestellt Kakao und ein Stück Torte, Mama Kaffee und Torte. Dann sagt sie: »Ach nee, ich trinke auch Kakao.« Als die Bedienung gegangen ist, erklärt sie: »Mit Kaffee muss ich in der Schwangerschaft vorsichtig sein. Bier und Wein sollte ich gar nicht trinken.«

»Bestimmt wegen dem Baby«, vermutet Philipp. Mama nickt und sagt: »Gut, dass hier nicht geraucht werden darf. Das Baby würde nämlich mitrauchen. Auch vom Kaffee und vom Alkohol im Bier und Wein bekäme es was ab.«

»Wie denn?«, fragt Philipp.

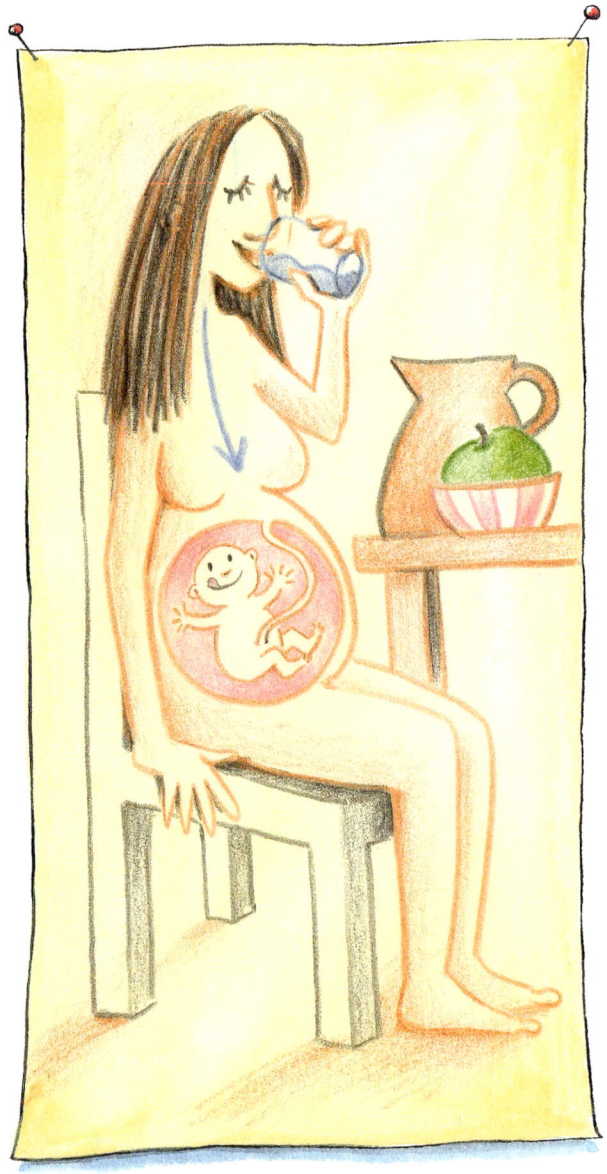

Mama sagt: »Wenn ich Alkohol im Körper hätte oder Nikotin vom Rauchen, würde das alles durch die Nabelschnur ins Baby fließen. Das wäre ungesund. Wie gut, dass Papa und ich überhaupt nicht rauchen.«

Die Bedienung bringt die Torte und den Kakao. In dem Augenblick kommt Papa ins Café. Er setzt sich an den Tisch. Sofort sagt Philipp: »Wir wollen dir was erzählen.«

»Was denn?«, fragt Papa.

»Wir machen ein Rätsel daraus«, schlägt Mama vor. Philipp nickt und sagt: »Es wird . . .« Mama unterbricht ihn: »Es wird etwa fünfzig Zentimeter groß und wir bekommen es in ungefähr neun Monaten. Was ist es?«

»Das Baby in meiner Gebärmutter muss essen und atmen. Das kann es aber noch nicht selbst. Deswegen bekommt es den Sauerstoff zum Atmen und die Nahrung aus meinem Körper durch die Nabelschnur direkt in seinen Bauch.«

»Die ist wie eine Leitung«, meint Philipp.

Papa fängt an zu strahlen und staunt:
»Ich glaub's nicht.«
»Doch! Es stimmt«, sagt Mama.
»Ich kriege . . .« Nun unterbricht Philipp
sie: »Wir kriegen . . .« Dann sagen beide
zusammen: »Ein Baby.«

Papa strahlt noch mehr. Er springt auf,
gibt Mama einen dicken Kuss und
danach Philipp einen. Und er sagt:
»Ich find's wunderbar. Das wird gefeiert!
Sofort!«

Wie das Baby wächst

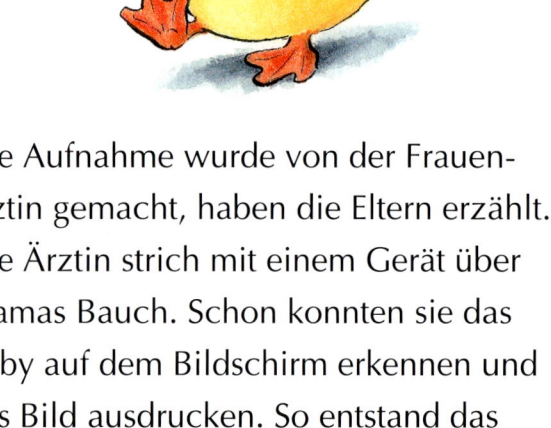

Sie sitzen alle am Frühstückstisch. Philipp bittet: »Zeigt mir das Baby mal.« Papa holt die Ultraschallaufnahme. Darauf sieht Philipp das Baby in Mamas Bauch. Es liegt in der Fruchtblase. Philipp erkennt den Kopf, den Körper, die Füße und Hände. Ob es ein Junge oder ein Mädchen wird, sieht er nicht. Und die Eltern wollen es auch noch gar nicht wissen.

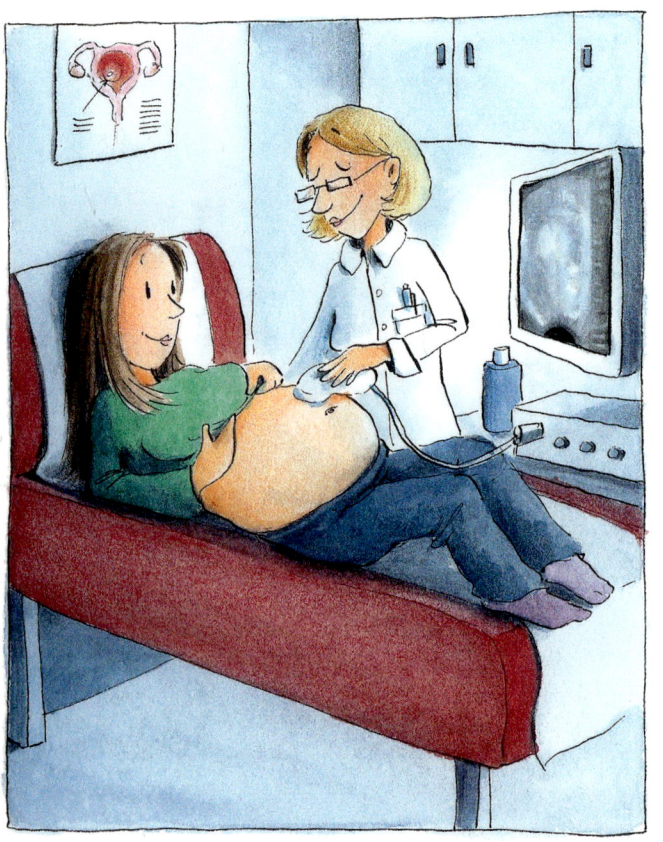

Die Aufnahme wurde von der Frauenärztin gemacht, haben die Eltern erzählt. Die Ärztin strich mit einem Gerät über Mamas Bauch. Schon konnten sie das Baby auf dem Bildschirm erkennen und das Bild ausdrucken. So entstand das Foto in Philipps Hand.

Philipp sitzt neben Mama. Von der Seite sieht er ihren kullerdicken Bauch deutlich. Sie ist ja auch schon sieben Monate schwanger. Und sie hat gesagt, der Bauch wird noch dicker. Denn eine Schwangerschaft dauert etwa neun Monate.

»Ich zieh die Schuhe aus. Die drücken«, sagt Mama. Sie beugt sich auf dem Stuhl nach vorne. Aber bis zu den Schuhen kommt sie nicht. Der Bauch ist im Weg. Philipp öffnet ihr die Schnürbänder.

»Danke«, sagt sie. »Nach der Geburt geht das wieder leicht. Manchmal nervt der Bauch jetzt. Mit den Einkaufstaschen komme ich kaum die Treppe hoch. So schwer fühle ich mich mit dem Bauch.«

»Freust du dich trotzdem noch übers Baby?«, fragt Philipp.

»Natürlich freue ich mich. Obwohl es zurzeit anstrengend ist.«

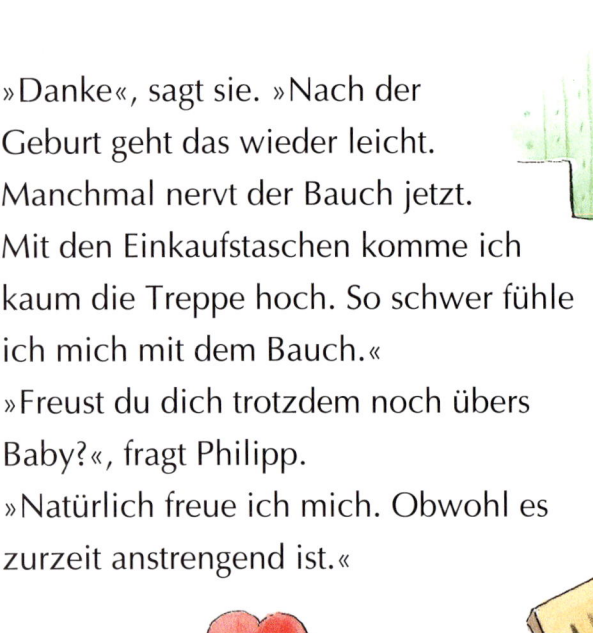

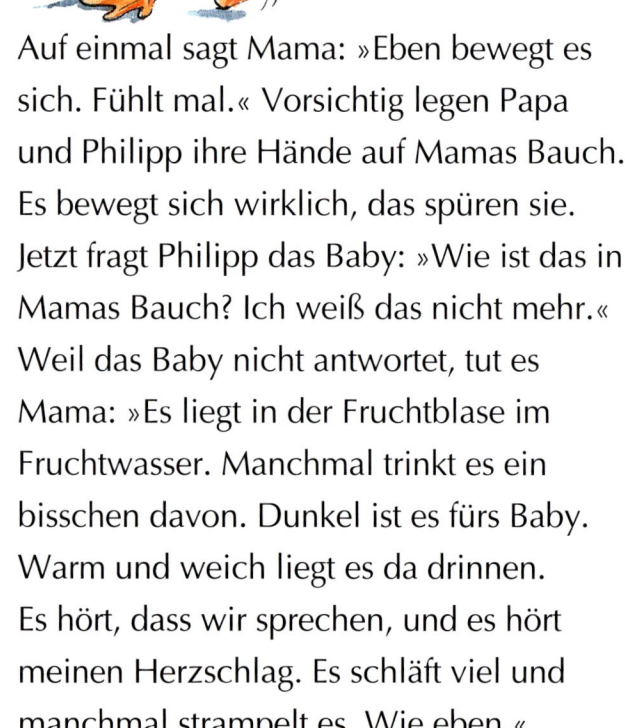

Auf einmal sagt Mama: »Eben bewegt es sich. Fühlt mal.« Vorsichtig legen Papa und Philipp ihre Hände auf Mamas Bauch. Es bewegt sich wirklich, das spüren sie. Jetzt fragt Philipp das Baby: »Wie ist das in Mamas Bauch? Ich weiß das nicht mehr.« Weil das Baby nicht antwortet, tut es Mama: »Es liegt in der Fruchtblase im Fruchtwasser. Manchmal trinkt es ein bisschen davon. Dunkel ist es fürs Baby. Warm und weich liegt es da drinnen. Es hört, dass wir sprechen, und es hört meinen Herzschlag. Es schläft viel und manchmal strampelt es. Wie eben.«

»Vor ein paar Wochen waren seine Augen noch geschlossen«, sagt Papa. »Nun sind sie offen. Es hat sich überhaupt einiges geändert. Bis vor Kurzem hat das Baby in der Fruchtblase noch viel Platz gehabt. Langsam wird es enger. Denn es wächst und nimmt zu.«

»Wie groß ist es jetzt?«, fragt Philipp. Mama antwortet: »Ungefähr vierzig Zentimeter.« Papa zeigt mit dem Metermaß, wie lang das ist. »Und es wiegt etwa drei Pfund«, sagt Mama. »So viel wie eineinhalb volle Milchtüten.«

»Unser Baby ist ganz schön groß geworden«, staunt Philipp.

»Jetzt soll es weiter wachsen und zunehmen«, meint Mama.

»Und in ungefähr zwei Monaten wird es geboren.«

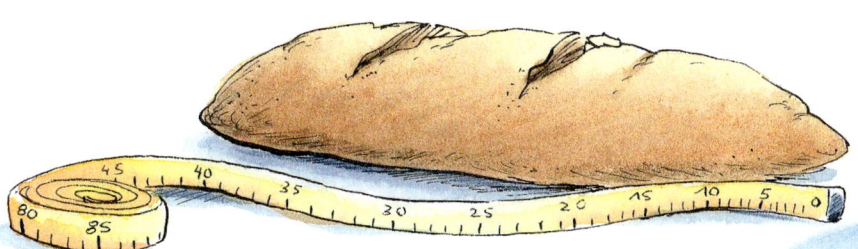

Bald wird das Baby geboren

Mama stützt sich mit den Händen und Knien auf die Isomatte. Dazu macht sie einen hohen Buckel. So sieht sie aus wie eine riesige Katze. Und sie sagt zu Philipp: »Das ist Schwangerschaftsgymnastik. Die Übungen helfen mir bei der Geburt.«

Als Mama mit der Gymnastik aufgehört hat, sitzen beide auf dem Teppich. Philipp bittet: »Erzähl mir was vom Baby.«

»Bald wird es geboren. Dazu fahre ich mit Papa ins Krankenhaus.« Philipp fragt: »Woher weißt du, wann du ins Krankenhaus musst?«

»Ich spüre, dass das Baby raus will. Denn die Muskeln in meinem Bauch ziehen sich zusammen. Das nennt man Wehen. Die beginnen, wenn das Baby groß und kräftig genug ist. Dann muss es nicht mehr in meiner Gebärmutter leben.«

Philipp überlegt und fragt: »Wo kommt es raus?«

»Wo Papas Samenzellen reingekommen sind. Also durch die Scheide. Die dehnt sich bei der Geburt. So passen erst einmal der Kopf und die Schultern vom Baby durch. Der Rest geht leichter.

Ein Arzt und eine Hebamme helfen mir bei der Geburt. Papa ist auch dabei.«

»Und was passiert, wenn das Baby da ist?«, will Philipp wissen.

Mama erklärt es ihm:

»Nach der Geburt wird die Nabelschnur nicht mehr gebraucht. Durch die hatte das Baby in meinem Bauch Nahrung und Sauerstoff bekommen. Sie wird abgeklemmt und durchtrennt. Das spüren das Baby und ich gar nicht.

27

Schau mal deinen Bauchnabel an! Da hing die Nabelschnur dran.

Natürlich untersucht der Arzt das Baby, ob alles in Ordnung ist. Gemessen und gewogen wird es. Und es bekommt ein Armband mit seinem Namen, damit man es nicht verwechselt. Dann kann ich es endlich in den Arm nehmen.«

»Kriegt es Milch von dir?«, fragt Philipp. Mama antwortet: »Ja, ich werde es stillen. Ich nehme es also an die Brust und es saugt meine Milch heraus.«

»Wir haben noch keinen Namen fürs Baby«, sagt Philipp. Jeder von ihnen hatte sich Namen überlegt. Richtig gut fanden sie keinen. »Jetzt muss uns bald was einfallen«, meint Mama.

»Wohin gehe ich, wenn ihr im Krankenhaus seid, Papa und du?«

»Zu Oma und Opa oder zu Nina.« Nun überlegt Philipp: »Ich spiele bestimmt nicht mehr so oft mit Nina, wenn wir das Baby haben. Weil ich ja dann was mit dem Baby machen will.«

»Nina wird gern zu uns kommen und mit dir und dem Baby spielen«, meint Mama. »Hoffentlich schreit es nicht die ganze Nacht«, sagt Philipp. »Ich will ja schlafen.« »Die ersten Monate ist es bei uns im Schlafzimmer«, erklärt Mama. »Und wir werden manchmal nicht schlafen können.«

»Ob ich später auch mal ein Baby habe?«, überlegt Philipp. »Kann sein«, meint Mama. Philipp sagt: »Dann brauche ich auch eine Frau. Vielleicht heirate ich Nina.« »Das hat noch viel Zeit«, sagt Mama. »Zuallererst krieg ich jetzt unser Baby.« Philipp nickt und kuschelt sich an Mama.

Das Baby ist da

Philipp, seine Freundin Nina und Papa gehen ins Krankenhaus. Obwohl keiner von ihnen krank ist. Aber Philipp darf heute zum ersten Mal seine kleine Schwester besuchen. Dass Mama und das Baby gesund sind, weiß er von Papa.

Papa klopft an eine Tür und sie kommen in ein Zimmer. Zwei Betten stehen da. Eins ist leer. Im anderen liegt Mama. Und sie hält das Baby im Arm.

Langsam geht Philipp zum Bett. Ein bisschen ängstlich fühlt er sich. Er weiß ja nicht, wie das mit dem Baby so wird. Gleichzeitig freut er sich. »Prima, dass ihr da seid«, begrüßt Mama sie alle.

Dann sagt sie zu Philipp: »Das ist deine kleine Schwester Lena.«

Lena! Den Namen haben sie plötzlich alle gut gefunden. Philipp geht näher zu Mama und dem Baby in ihrem Arm. Er setzt sich auf den Bettrand und guckt seine Lena-Schwester lange an. Sie hat schon Haare auf dem Kopf. Schwarz sind die. Philipp berührt ihr Gesicht. Weich fühlt sich ihre Haut an. Mit einem Finger streicht er über ihre Hand. Das ist alles so winzig. Die Finger, die Arme. Philipp

sagt: »Ich bin jetzt dein Bruder. Und ich find's so schön, dass wir dich endlich haben.« Hat sie eben gelächelt?, überlegt Philipp.

Nina setzt sich neben ihn und staunt: »Oh . . . ist die süß!«

»Stimmt«, sagt Papa. »Das ist sie.« Dann meint Nina: »Ich glaub, ich wünsch mir, dass wir auch ein Baby kriegen.«

»Gute Idee! Sprich doch mal mit deinen Eltern darüber«, schlägt Mama vor.

Philipp sagt gar nichts. Denn er muss seine neue kleine Schwester angucken. Sie haben so lange und so oft von ihr gesprochen und über sie nachgedacht. Jetzt ist sie plötzlich da und er freut sich riesig.

Achim Bröger

ISBN 978-3-401-09266-9

ISBN 978-3-401-08637-8

ISBN 978-3-401-08886-0

Gefühle machen stark

Die wütende Sina versöhnt sich mit ihrem Bruder, Nick verliert die Angst vor dem geheimnisvollen Klopfen und Lena setzt sich gegen den Störenfried Timo durch. Hier finden die kleinen Zuhörer sich selbst wieder und sie lernen, wie Gefühle stark und selbstbewusst machen.

Immer nur Amelie

Keine Zeit für Timo! Mama muss sich dringend um Amelie kümmern. Denn die ist krank - genauso wie Baby Alina. Da muss der große Bruder erst mal warten. Aber er hat doch etwas ganz Wichtiges zu erzählen! Immer sind die Mädels zuerst dran. In Timo keimt die Eifersucht …

Fabian teilt mit Marie

Bald soll Fabian sein Zimmer teilen. Mit Krümel, dem neuen Geschwisterchen. Nein, das passt Fabian gar nicht! Aber Marie gibt Fabian gern etwas ab. Beste Freunde teilen schließlich alles. Doch nicht nur Freunde sind großzügig.

ISBN 978-3-401-08741-2

ISBN 978-3-401-08854-9

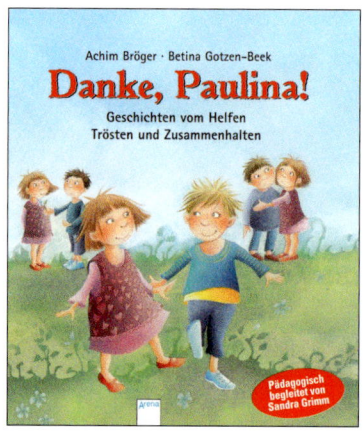

ISBN 978-3-401-09552-3

Lena lässt sich nichts gefallen

Timo, der Kindergartenschreck! Er beschimpft die Kleinen, macht ihre Ritterburg kaputt und zwingt Eric, ihm zehn Cent zu geben. Aber Lena lässt sich nicht erschrecken. Sie gründet die Käferbande: „Wenn einer gemein wird zu einem von uns, helfen ihm die anderen." Und zusammen setzen sie sich durch …

Florian passt auf sich auf

Mit Fremden mitgehen? Nein! Sich zum Klauen anstiften lassen? Nein! Eine dumme Mutprobe bestehen? Nein! Da macht Florian nicht mit. Und einen Schlabberkuss von der Nachbarin will er auch nicht. Florian und seine Freundin Laura lernen sich durchzusetzen gegen unerwünschte Forderungen.

Danke, Paulina!

Paulina hilft immer! Und auch ihr Bruder David versteht es, andere zu trösten. Achim Bröger stellt in seinen Kindergartengeschichten verschiedene Situationen aus dem Kinderalltag vor und zeigt, wie es geht: einen verlorenen Geldschein zurückgeben, den Neuen freundlich in die Gruppe aufnehmen.

 Jeder Band:
Ab 4 Jahren. 32 Seiten. Gebunden.
Durchgehend farbig illustriert.
www.arena-verlag.de